AF500822

LETTRE

CONSTITUTIONNELLE.

Prix : 50 centimes.

AU MANS,
Chez l'AUTEUR, rue Sainte-Ursule,
N.° 8.

1816

LETTRE CONSTITUTIONNELLE.

A qui de droit.

Le Mans, ce 4 décembre 1816.

Monsieur,

A-T-ON pu croire qu'éprouvé comme je le suis, il serait si facile de m'arracher les droits que la charte, d'accord avec le sens commun, reconnaît comme la propriété de tout citoyen français? Je fais partie de la nation généreuse à laquelle le petit-fils d'Henri IV est *fier de commander;* et nulle puissance au monde, si ce n'est la mort ou la loi, ne parviendra jamais à rayer mon nom de la liste des hommes libres : sous le régime constitutionnel, homme libre et français sont synonymes.

On a porté atteinte à la liberté de la presse par trois coups d'autorité, que ma condescendance enhardissait à commettre; il est temps que la loi reprenne son empire, et que la question soit hautement jugée.

Mes réclamations auprès des autorités compétentes n'ont point obtenu d'effet : elles ont resté sans réponse. A qui m'adresserai-je donc? Encore à qui de droit, mais en face du ciel et des hommes; la presse étant un sûr moyen de frapper l'oreille et la conscience des grands dépositaires de l'autorité publique.

Je vais remettre sous vos yeux la série de procédés inconstitutionnels, illégaux, que l'on a eus envers moi : je les rappelle non pour accuser, mais pour me défendre.

Lorsque j'eus connaissance de l'ordonnance du 5 septembre, je me ressouvins de ce que M. le préfet m'avait dit un jour : *Écrivez pour le roi;* et je résolus d'écrire en même temps pour le roi et pour la patrie. Je conçus le plan d'un petit ouvrage intitulé *Lettres constitutionnelles* (N.° I.), qui devait se publier irrégulièrement par livraisons d'une ou de plusieurs feuilles d'impression; les lettres (et non pas les cahiers) devaient être numérotées; enfin je n'y voyais rien qui pût ressembler à un journal ou à une feuille périodique.

Lorsque la déclaration de l'imprimeur fut portée au secrétariat de la préfecture, on refusa d'en donner récépissé avant communication du manuscrit; ce refus établit entre M. le préfet et moi les rapports dont il est question dans la pièce (N.° II.), il ordonna au commissaire de police de saisir et de séquestrer un écrit dont le dépôt de cinq exemplaires avait été fait, il est vrai, mais dont on avait empêché la publication et la vente, en refusant le récépissé de ce dépôt.

Ma plainte ayant été transmise à leurs excellences les ministres de la justice et de la police générale, M. le procureur du roi reçut une réponse du grand chancelier; et M. le préfet en reçu une du ministre de la police : ces deux lettres me furent communiquées.

Dans la première, ma plainte était improuvée; mais les *Lettres constitutionnelles* étaient considérées comme ne renfermant rien qui pût être déféré aux tribunaux, et comme n'étant point un journal; dans la seconde, ma plainte était également improuvée; l'écrit était considéré comme journal, mais aussi comme ne contenant rien de répréhensible.

Sans doute, la décision de son excellence le ministre de la police n'a pas suffi pour rectifier l'acte inconstitutionnel que l'on avait commis en exigeant la communication de mon manuscrit, en faisant saisir et séquestrer un ouvrage avant la publication : premier fait.

D'après cette décision, je changeai le titre de ma brochure, et je la publiai. Elle fut suivie de deux autres; toutes furent enlevées par le public.

La quatrième, intitulée *CATÉCHISME POLITIQUE à l'usage des constitutionnels*, suivi du *CATÉCHISME IMPOLITIQUE à l'usage des féodaux*, éprouva le sort des *Lettres constitutionnelles;* M. le préfet fit apposer les scellés (N.° III.) sur un ouvrage dont il n'y avait encore d'imprimé que les cinq exemplaires déposés au secrétariat, *et desquels M. le préfet a refusé récépissé.* Second fait contre lequel je réclamai sur-le-champ auprès de son excellence le ministre de la police (N.° IV.).

Immédiatement après ce coup d'autorité, M. le préfet m'invita à me rendre auprès de lui (N.° V.) pour conférer ensemble à ce sujet, procédé plus juste et plus paternel que la saisie.

Je m'empressai de satisfaire à son desir : il voulut bien examiner avec moi l'écrit qui l'avait alarmé; je corrigeai certains passages; j'ôtai du titre la dénomination de *féodaux*, improuvée dans sa lettre à M. le commissaire de police; je publiai une autre brochure à la place du double *Catéchisme*, et huit jours après, les cinq exemplaires de ce dernier furent déposés à son secrétariat, portant certaines corrections que j'avais faites, en me conformant à ses avis.

Le lendemain, lorsque je me présentai pour prendre le récépissé, M. le préfet me fit part d'une plainte qu'il avait adressée à M. le procureur du roi; j'insistai sur le récépissé qu'on ne me délivra point; je sommai, en présence de deux témoins, le secrétaire particulier de le remettre à l'imprimeur; on promit de le lui envoyer dans le délai d'une heure; ce qui eut lieu effectivement en même temps qu'un message de M. le préfet, contenant l'avis que la brochure était déférée au ministère public; et cet ouvrage, loin d'être publié, n'était même pas tiré! La brochure subit un nouveau changement; j'en ôtai le morceau entier (le *Cathéchisme impolitique*), qui déplaisait; on me délivra le récépissé; et la brochure fut publiée sous le titre de *Cathéchisme politique à l'usage des constitutionnels, suivi de* TOUT EST BIEN.

Le 13 novembre, en vertu d'un arrêté du même

jour (N.° VI.), les scellés furent apposés sur mes cinq brochures, desquelles la première et la seconde avaient été louées par M. le préfet lui-même, parlant à ma personne; et la cinquième était inédite, si l'on y comprend le *Cathéchisme impolitique*, seule cause de tout ce fracas : troisième acte, dont je vais prouver trop facilement l'illégalité.

Je laisse de côté la partie du préambule de cet arrêté, qui renferme le fond d'une dénonciation dont les tribunaux sont maintenant saisis, et je ne m'attache qu'à la démonstration de l'illégalité.

M. le préfet dit à la fin de ce préambule : *D'après les pouvoirs discrétionnaires qui lui sont confiés*, (à M. le préfet de la Sarthe), *par la loi du 29 octobre 1815*, *en vertu de laquelle le sieur Bazin est déjà sous la surveillance de la haute police....*

J'ouvre la loi du 29 octobre 1815, et j'y lis : « Art. Ier.
» Tout individu, quelque soit sa profession, civile,
» militaire ou autre, qui AURA ÉTÉ ARRÊTÉ comme
» prévenu de crimes ou délits contre la personne et
» l'autorité du roi, contre les personnes de la famille
» royale, ou contre la sûreté de l'état, pourra être
» détenu jusqu'à l'expiration de la présente loi, si avant
» cette époque, *il n'a été traduit devant les tribunaux.* »

Monsieur, le 21 octobre, huit jours avant la date de cette loi, j'ai été traduit devant la cour d'assises d'Orléans et ACQUITTÉ par elle. Depuis lors, jusqu'au 16 novembre 1816, JE N'AI POINT ÉTÉ ARRÊTÉ; comment a-t-on donc pu m'appliquer la loi du 29 octobre?

A-t-il plu à M. le préfet de me mettre en surveillance? Il faut croire que cette mesure était simplement locale; car la loi s'opposait à ce qu'elle fût *ministérielle*.

Eût-elle été ministérielle, c'est-à-dire, eussé-je été mis sous la surveillance de la *haute police*, cela n'eût pas eu lieu, sans qu'au moins l'acte m'en eût été notifié; car l'état de surveillance, tel que le chapitre 3 du livre premier du code pénal le comporte, exige ou un cautionnement de la personne qu'on y assujettit, ou sa résidence continue dans un lieu déterminé, pour y demeurer à la disposition du gouvernement. Or, je n'ai reçu de M. le préfet aucune notification d'un acte quelconque de son excellence le ministre de la police qui me plaçât dans une pareille situation, ou me la fît soupçonner.

Et quand il serait vrai que n'étant justiciable, en aucune manière, de la loi du 29 octobre, je dûsse néanmoins en subir les effets, qu'y a-t-il de commun entre cette loi et la liberté de la presse? elle existe même pour les forçats.

M. le préfet n'a pu ni contrôler mes manuscrits, ni refuser ses récépissés à mon imprimeur, ni saisir mes ouvrages avant leur publication, même en invoquant la loi du 29 octobre; et cependant il l'a fait.

Après avoir cité cette loi, je vais remettre sous vos yeux l'instruction ministérielle relative à son exécution, et contenue dans une circulaire aux préfets. Quoi de plus rassurant que le langage de son excellence le ministre de la police générale! Que de précautions contre la méprise ou la vengeance! Que de sages développemens où l'intention du législateur est mise à découvert, pour n'intimider que les coupables!

« Cette mesure, dit son excellence, assurera la tran-
» quillité de l'état, s'il en est fait une sage application.
» Elle y apporterait le trouble, si les magistrats *substi-*
» *tuaient l'ARBITRAIRE* à une juste sévérité, s'ils se
» rendaient les instrumens involontaires des *passions*
» *particulières* ou des préventions aveugles. »

Est-il bien sûr que M. le préfet n'ait pas été l'instrument des passions particulières?

« Ce n'est point sur de *simples soupçons*, sur des
» *dénominations vagues* qu'on doit priver un citoyen de
» sa liberté..... Ces dispositions ne devront être appli-
» quées que lorsque *l'insuffisance*, et non *l'absence* des
» preuves, empêche de soumettre l'affaire aux tribu-
» naux. »

Suffit-il donc d'accuser un citoyen de *conduite révolutionnaire* (1), de l'appeler *ennemi du gouvernement*, pour le ranger dans une cathégorie de gens faits pour être détenus par mesure de haute police?

« Le respect que commande en général la liberté in-
» dividuelle vous fait un devoir d'apporter dans cette
» partie de vos fonctions *l'attention la plus scrupuleuse*.
» Le gouvernement qui ne veut exercer que dans l'inté-
» rêt de l'état le pouvoir extraordinaire dont il est

---

(1) Voyez la pétition de M. Goyet à la chambre des députés.

» momentanément revêtu, et qui réprimerait avec sé-
» vérité les *abus* ou même les négligences qu'offrirait la
» conduite des fonctionnaires chargés de concourir à
» l'exécution de la loi, doit trouver, dans *l'impartialité*
» *des préfets* et dans la célérité de leurs rapports, la ga-
» rantie de sa responsabilité, comme tous les sujets
» fidèles de sa majesté, comme tous les hommes pai-
» sibles doivent y trouver celle de leur repos et de la
» protection qui leur est due. »

M. le préfet a-t-il apporté *l'attention la plus scrupuleuse* dans les actes qu'il a exercés envers moi d'après la loi du 29 octobre? A-t-il craint de commettre les *abus* que le gouvernement est résolu de réprimer avec sévérité? A-t-il été impartial? M. le préfet a, dit-il, *écarté le voile* dont je me suis enveloppé : quel est ce voile! Il entend sans doute la constitution; et véritablement il l'a *écartée* pour m'atteindre.

Son arrêté porte : « Article Ier. La vente des
» brochures intitulées : *Séïde*, *Doutes éclaircis par un*
» *constitutionnel*, *le Trône et l'Autel*, *la Charte expliquée*
» *aux habitans des campagnes* et le *Catéchisme politique*,
» est interdite jusqu'après le jugement du tribunal
» concernant le sieur Bazin. »

Ainsi, M. le préfet a anticipé, empiété sur les fonctions du ministère public et du juge d'instruction! Lui, auteur de la dénonciation, il a pris une mesure qui ne devait l'être que par le magistrat auquel cette dénonciation était adressée; car ce magistrat pouvait ne pas donner de suite à la plainte; et dans ce cas, il n'y aurait pas eu de saisie.

M. le préfet a donné un bien dangereux exemple. Supposons le cas où un préfet se rendrait coupable de déni de justice envers un particulier, et où celui-ci imprimerait sa réclamation. Cinq exemplaires seraient déposés au secrétariat de la préfecture; on refuserait le récépissé; l'ouvrage serait saisi avant que d'être publié! Il serait saisi par ordre du fonctionnaire accusé, en vertu d'une plainte formée par ce fonctionnaire lui-même! Ce n'est donc point la plainte, mais la suite donnée à la plainte, qui constitue l'acte de déférer aux tribunaux. Autrement la liberté de la presse serait à la merci du premier venu, puisqu'une simple dénonciation suffirait de fait pour l'anéantir.

« Article II. M. le commissaire de police de la ville » du Mans apposera les scellés sur lesdites brochures » trouvées dans la maison de l'auteur, et chez les impri- » meurs et libraires de cette ville. »

Dans le nombre de ces brochures le *Catéchisme* était encore inédit, ou plutôt il n'en avait encore été tiré que les cinq exemplaires destinés à être déposés entre les mains de M. le préfet pour son excellence le ministre de la police générale: cet écrit n'était donc point encore publié. Or, la publication d'un écrit peut seule constituer le délit ou le crime; car un écrit qui ne voit point le jour est comme la pensée qui ne se manifeste point; et les lois ne punissent point la pensée.

Si l'on m'objectait que l'édition a pu être imprimée

avant le bulletin de dépôt; et que, d'ailleurs, à partir de la remise du récépissé jusqu'à la saisie, le tirage a pu se faire, je répondrais qu'un fait tel que la publication d'un écrit imprimé ne s'établit point par des suppositions, mais par des preuves matérielles, telles que la livraison de l'édition à l'auteur, sa distribution dans le commerce et aux particuliers. Or, je défie que l'on produise un seul exemplaire du double *Catéchisme*, excepté ceux que j'ai déposés entre les mains de M. le préfet. La perte de l'édition des *Lettres constitutionnelles* m'avait appris ce que j'avais à craindre pour l'avenir, et j'avais la précaution de ne faire tirer qu'après la remise du récépissé.

M. le préfet n'a donc pu produire à l'appui de sa plainte qu'un des exemplaires déposés à son secrétariat. Or, tout dépôt est inviolable et sacré; et plutôt que de recourir à un tel expédient, il eût été bien simple d'attendre la publication et la mise en vente de l'ouvrage, au lieu d'y mettre obstacle par le refus illégal du récépissé.

J'ai dit que je n'entrerais point ici dans le fond de la dénonciation faite par M. le préfet contre mes écrits; mais un mot seulement sur la justice et l'à-propos de cette dénonciation. Des écrits du jour et des feuilles périodiques contiennent l'assertion bien positive qu'il existe maintenant en France, non de simples opinions, mais un parti nombreux, puissant, *élevé*, contre le gouvernement du roi. Le journal de ce département, imprimé je ne dis pas sous les yeux, mais *sous la censure* de M. le préfet (puisque la censure existe encore pour les journaux), renfermait, le 4 novembre dernier, un article extrait des *Annales politiques*, où l'on parle de cette manière à un parti que chacun peut nommer comme il lui plaît :

« Eh bien donc! cette France, *cette patrie reniée par* » *vous*, eût forcé *vos chefs* devenus ministres à la » ménager..... La chambre a donc été dissoute, *que* » *d'espérances renversées!* Que deviennent ces *promesses* » faites de tout changer, de *détruire la révolution?* »

Et plus loin : « Des *agens* partent pour toutes les » provinces............ ils *animent* les partis l'un contre » l'autre.... APPELLENT LES VENDÉENS AUX ARMES.... » promèttent le renversement de la charte,..... forment » des conciliabules où le mot de ralliement est : A BAS » LA CHARTE! »

Et moi, qu'ai-je dit? Comme ce pauvre âne de la fable :

J'ai tondu de ce pré la largeur de ma langue.

Et me voilà sous le poids d'une accusation atro ce *J'ai voulu armer le peuple contre les nobles et les prêtres!* En 94, j'avais voulu armer les citoyens les uns contre les autres pour renverser la république : quelqu'un dans ce département espérerait-il faire un 93 pour la monarchie féodale? Ne pouvant me retenir en prison, (car mes concitoyens sauront que je suis arrêté pour mes écrits, seulement pour mes écrits), ne pouvant me retenir en vertu de la loi du 29 octobre, on va le faire en vertu du *pouvoir discrétionnaire* de M. le procureur du roi. J'appelle *pouvoir discrétionnaire* la faculté qu'il a de prolonger la détention en prolongeant la procédure : je suis sous la puissance du *plus ample informé*. N'importe, ces petites contrariétés n'ont plus le droit de m'inspirer ni crainte, ni mécontentement : elles me sont si familières depuis vingt-cinq ans ! Cela regarde ces messieurs plus que moi.

Monsieur, je touche à la fin de ma *lettre constitutionnelle ;* c'est la loi à la main, que j'ai l'honneur de vous l'écrire. M. le préfet est *bon ;* il serait juste, s'il pouvait envisager sa position administrative dans ses uniques rapports avec l'intérêt du roi, avec sa volonté et la marche du gouvernement. Il a pourtant devant les yeux un bel exemple, celui du président actuel de la chambre des députés.......

Je suis avec respect, Monsieur,

Votre très-humble et très-obéissant serviteur,

RIGOMER BAZIN.

POST-SCRIPTUM.

Un nouvel arrêté vient de m'être notifié de la part de M. le préfet (N.° VII.), et le CATÉCHISME *politique*, suivi de TOUT EST BIEN, est interdit sur le réquisitoire de M. le procureur du roi. Cet acte n'est pas indifférent quant à la forme; car il est en quelque sorte légal. J'aurai du moins obtenu ce prix des difficultés que j'éprouve. Que de soins, de pas et de démarches m'a coûtés le récépissé avant qu'il plût à M. le préfet d'entendre, premièrement, que je ne lui devais point la communication de mes manuscrits; secondement, qu'il devait à l'imprimeur le récépissé de sa déclaration et celui de son dépôt, dès qu'il avait fait l'une et l'autre!

Maintenant M. le préfet fait saisir en vertu d'une lettre de M. le procureur du roi; il ne se constitue plus à la fois pouvoir administratif et judiciaire! Dieu soit loué! c'est encore un pas vers l'ordre. A la vérité, ce pas est petit; mais espérons toujours.

L'article 10 du code d'instruction criminelle s'exprime ainsi :

« Les préfets des départemens et le préfet de police à » Paris, pourront faire personnellement, ou requérir » les officiers de police judiciaire, chacun en ce qui le » concerne, de faire tous les actes nécessaires à l'effet » de constater les crimes, délits et contraventions, et » d'en livrer les auteurs aux tribunaux chargés de les » punir. »

Est-ce donc pour *constater* un crime, un délit, une contravention, que M. le préfet a ordonné de saisir ma brochure? Non, c'est pour en interdire la publication déjà *constatée* par la vente presqu'entière de l'édition dans l'espace de douze jours.

Il me paraît que, dans le cas dont il s'agit, la loi n'a pas été positivement enfreinte; mais que les convenances ont été tant soit peu violées. Je ne dis point les miennes, dont il serait presque ridicule de m'occuper, mais celles de M. le préfet. En effet, que le premier administrateur d'un département, sur une lettre d'un procureur du roi, s'établisse l'intermédiaire entre ce magistrat et un officier de police, et qu'il *constate* l'excès de sa complaisance par un arrêté, cela contrarie l'idée que chacun s'était faite jusqu'ici de la hiérarchie des pouvoirs et de leurs mutuels rapports.

M. le préfet m'invite (N.° VIII.) à ne pas lui écrire, et refuse le récépissé d'une nouvelle brochure intitulée *Lettre constitutionnelle à M. le préfet de la Sarthe;* c'est pousser un peu trop loin le droit de ne pas lire une lettre; mais que faire? céder encore, tout en ayant raison.

NOTES.

(N.° I.)

Passages des LETTRES CONSTITUTIONNELLES, *notés et numérotés par M. le préfet, sur le manuscrit, pour être supprimés.*

Le bon esprit naît de l'amour du peuple pour ses lois; et cet attachement a quelque chose de religieux, lorsque les dépositaires de la puissance publique professent un véritable respect pour la volonté du législateur.

Mais d'anciennes habitudes conspirent pour étouffer en France l'esprit public dans son berceau. La liberté dont nous allons jouir enfin est un bien trop rare, trop vif et trop chèrement acheté, pour qu'à son approche nos premières émotions n'aient pas été convulsives. Toutes les pensées, tous les sentimens ont fait explosion : les partis ont repris leur attitude; il serait malheureux qu'ils reprissent leur animosité. Si leur mouvement est, jusqu'à certain point, un signe de vigueur dans le corps social; passé ce point, il le désorganise et le tue.

La lutte d'opinion est engagée : les uns appellent à leur aide les théories oppressives; les autres invoquent la charte constitutionnelle. Les premiers sont la vieille souche des abus que le siècle a déracinés; les derniers sont les rejetons vigoureux destinés à reproduire le peuple Franc.

D'une part, on repousse la doctrine qui consacre les droits du citoyen; on voudrait la faire envisager comme subversive de l'ordre et de la morale; on retrace avec affectation l'effrayant tableau de nos malheurs; on dissimule les causes de tant d'excès; on ne montre que les écarts d'un seul parti.

D'autre part, on insiste avec force et dignité sur des principes solennellement reconnus par le roi, sur la stricte observation d'une charte que lui-même a proposée et du serment qu'il a prêté, sur l'oubli du passé, comme l'effet de sa prévoyante sagesse. On soutient que la France est rendue au régime représentatif, non à la monarchie féodale; et tout ce qu'elle renferme de lumières, de vertus, de grands talens, d'ames fortes et de cœurs généreux, est uni pour faire respecter la constitution, pour assister le roi dans la difficile entreprise qui n'a point épouvanté son courage.

Il est donc utile d'étudier le jeu des opinions et des sentimens qui se manifestent aujourd'hui parmi nous. Il est important de décrire la naissance et les progrès de notre esprit public; et de même que l'aiguille aimantée indique, par sa constante direction vers le nord, les déviations que la tempête, les courans, la négligence ou l'incapacité du pilote font faire au navigateur; de même un recueil d'observations sur les faits et les écrits du temps montrera pour but le maintien de la liberté, le patriotisme et l'obéissance aux lois comme moyens, les dangereux préjugés comme aberrations, l'arbitraire et l'emportement comme écueil.

Il est plus d'une manière de prouver son attachement aux intérêts du roi. Le rôle de l'écrivain qui consacre exclusivement sa plume au panégyrique, est en apparence le plus avantageux et le plus brillant; mais la fonction de celui qui ne loue que d'après sa conscience, et ne loue pas toujours, est sans doute la plus honorable. L'opposition constitutionnelle peut seule faire tomber l'opposition factieuse et clandestine; la fièvre actuelle de l'opinion est due, de part et d'autre, moins encore à l'exaltation des idées qu'à celle du dépit et de la crainte. Elle tient à la portion irritable de chaque parti, ferment inextinguible dont une bonne politique saurait faire tourner l'activité au profit de l'état. Or, l'opposition constitutionnelle peut aider à concilier tout, en ramenant l'esprit de parti à l'esprit national, et les passions ardentes au joug des lois.......

Combien de funestes erreurs ont été proclamées depuis un an, soit par un zèle irréfléchi, soit par l'intention cruelle de tromper le gouvernement sur le véritable esprit de la nation, pour le porter à des actes d'une vengeance inexorable! Combien ces lois rigides destinées à comprimer la sédition n'ont-elles pas reçu de fausses, de désastreuses applications! Que d'innocens ont gémi sous le poids de mesures, d'arrestations illégales, de procédures iniques, faute de conseils expérimentés et de défenseurs courageux qui leur auraient expliqué le but véritable du législateur, le texte de ses expressions, le développement de ses motifs, les devoirs de l'administrateur et du magistrat, les droits du citoyen français! Eh quoi! le nom de patriote est devenu une insulte! Et il ne tiendrait à rien que ceux qui s'honorent de le porter fussent notés d'infamie, s'il était possible que la nation entière pensât comme de certaines gens parlent et écrivent! Souscrirons-nous, par un plus long silence, à ces arrêts d'une tourbe superstitieuse ou dépravée, nous vieux et constans amis de la liberté, nous qui n'avons courbé le front devant aucune espèce de tyrannie?....

J'adresse donc cette lettre à un athlète de la liberté. Patriote, élève toujours vers le ciel ta tête blanchie sous la verge des proscriptions; sois toujours fier, silencieux et patient en face de ceux qui se font tes adversaires; mais ne crois plus que tout soit permis envers toi, lorsqu'il s'agira de t'arracher à ton industrie, à ta famille et à tes foyers. Ton devoir est de n'obéir qu'aux lois, parce que le devoir du magistrat est de ne commander qu'au nom des lois. Laisse crier les faux amis du roi, ceux pour qui la chûte du trône ne serait rien, s'il leur était possible de racheter à ce prix leurs priviléges et leurs dîmes........

..... La loi d'amnistie, sanctionnant l'ordonnance du 24 juillet, spécifie les individus exceptés du bénéfice de la charte, et tout autre français contre lequel on voudrait armer la vengeance des lois pour des faits politiques, aurait droit à la protection du ministère et des magistrats.

Nous allons d'abord examiner la garantie de la liberté individuelle, telle qu'elle résulte des codes; nous traiterons ailleurs des exceptions portées à cette garantie par des lois particulières.

Le code pénal décerne des peines contre le ministre, le fonctionnaire public, l'agent, le préposé du gouvernement qui auraient ordonné ou fait quelque acte arbitraire et attentatoire à la liberté individuelle; il accorde aux personnes contre lesquelles ces attentats auraient été dirigés le droit d'en poursuivre les auteurs, soit criminellement, soit par la voie civile, et fixe à vingt-cinq francs au moins les dommages-intérêts pour chaque jour de détention illégale.

Il punit aussi d'une amende le juge, le procureur du roi, le substitut, l'administrateur, ou autre officier de justice ou de police qui se sera introduit dans le domicile d'un citoyen hors les cas prévus par la loi, et sans les formalités qu'elle a prescrites.

Ces formalités, les voici telles qu'elles sont indiquées dans le code d'instruction criminelle:

« Art. 95. Les mandats de comparution, d'amener et de
» dépôt seront *signés* par celui qui les aura décernés, et munis
» de son sceau. Le prévenu y sera nommé et désigné le plus
» clairement possible.

» Art. 96. Les mêmes formalités seront observées dans le
» mandat d'arrêt; ce mandat contiendra, de plus, *l'énonciation* du
» fait pour lequel il est décerné, et la *citation de la loi* qui déclare
» que ce fait est un crime ou délit.

» Art. 97. Les mandats de comparution, d'amener, de dé-
» pôt ou d'arrêt seront notifiés par un huissier ou un agent de la
» force publique, lequel en fera *l'exhibition* au prévenu, *et LUI*
» *EN DÉLIVRERA COPIE.*

» Art. 609. Nul gardien ne pourra, à peine d'être poursuivi
» et puni comme *coupable de détention arbitraire*, recevoir ni re-
» tenir aucune personne qu'en vertu soit d'un mandat de dépôt,

» soit d'un mandat d'arrêt décernés selon les formes prescrites » par la loi. »

Si donc un magistrat ou un administrateur s'oubliait au point de mander *verbalement* un ou plusieurs citoyens, même des fonctionnaires publics, *dans une auberge*, de les insulter publiquement, de les traiter de perturbateurs, de mauvais sujets, d'ennemis du roi; de les menacer de les faire lier et traîner *dans ses prisons*, etc., etc.; le respect que l'on doit à la magistrature enchaînerait sans doute l'indignation du citoyen outragé, mais ne l'empêcherait point de résister à l'outrage ou d'en tirer justice par les moyens puissans que la loi lui assure.

« Les juges, est-il dit dans le rapport sur le titre I.er du code » d'instruction, les juges seront pénétrés d'un religieux respect » pour le malheur; car, jusqu'au moment de la condamnation, » il n'y a point de coupable reconnu. »

« Toutes rigueurs employées dans les arrestations, détentions » ou exécutions, autres que celles autorisées par les lois, sont » des crimes. » (*Art. 82 de la loi du 22 frimaire an 8, rappelée dans le code d'instruction criminelle.*)

Que deviendrions-nous, s'il était permis à un simple brigadier de gendarmerie, qui ne peut être regardé comme officier de police, d'aller chez les citoyens porter des ordres *verbaux*, en vertu desquels ces citoyens seraient, dirait-on, soumis à la surveillance de la haute police, de leur défendre de sortir de leur commune sans l'autorisation écrite de ce même brigadier; de les astreindre à paraître devant lui tous les jours; à le prévenir en personne du moment précis de leur départ, de celui de leur arrivée, etc., etc.?

Des gens crédules, mal intentionnés peut-être, ont répandu le bruit que les préfets avaient des instructions secrètes et des pouvoirs extraordinaires pour l'exécution de la loi du 29 octobre 1815, qui déroge à certaines dispositions des codes : c'est calomnier le gouvernement. Lors d'un événement malheureux, le roi crut devoir donner aux magistrats de l'Isère des pouvoirs discrétionnaires; et son ordonnance, à ce sujet, fut insérée dans le

Bulletin des lois. Nous examinerons dans une autre lettre cette loi du 29 octobre, ainsi que l'instruction *du ministre de la police pour son exécution........*

Nous terminerons cette lettre en rappelant au souvenir du lecteur l'article de la charte constitutionnelle, relatif aux *opinions* et aux *votes.*

Si donc un officier du ministère public avait assez peu de mémoire ou de jugement pour attaquer devant son tribunal les opinions et la conduite politique de tel citoyen jusque dans les premières années de la révolution; s'il plaisait à ce magistrat de reprocher à ce citoyen des excès révolutionnaires que celui-ci aurait, dit-il, commis en 1793 dans un pays où il n'a paru qu'en 1797, il faudrait déplorer l'erreur ou l'aveuglement de l'homme public, et l'avertir qu'il agit contre la volonté du roi, contre le vœu du ministère, contre les bienséances, contre tous les principes politiques et moraux qui sont l'ame de notre constitution actuelle.

(N.° II.)

Rigomer BAZIN, homme de lettres, a l'honneur d'exposer à M. le procureur du roi, près le tribunal de première instance du Mans, qu'étant l'auteur d'un écrit intitulé *Lettres constitutionnelles*, il s'est présenté au nom du sieur Renaudin, son imprimeur, au secrétariat de la préfecture du département de la Sarthe, pour y déposer la déclaration dudit sieur Renaudin, aux termes de la loi du 21 octobre 1814;

Qu'il a été renvoyé au secrétariat particulier où on lui a refusé le récépissé de ladite déclaration, s'il ne communiquait préalablement son manuscrit à M. le préfet;

Que M. le préfet, dans une audience ultérieure, lui a fait le même refus;

Que le déclarant, afin de donner à M. le préfet une preuve

de sa respectueuse déférence, a remis en effet son écrit entre les mains de ce magistrat;

Que M. le préfet, ayant *noté* sur le manuscrit les passages qu'il trouvait ou bons ou mauvais, le déclarant s'est empressé de céder au desir de M. le préfet, en faisant disparaître de son écrit tout ce qui avait pu lui porter le moindre ombrage;

Que le déclarant a soumis à M. le préfet l'épreuve de son écrit imprimé;

Enfin, qu'il a reçu de M. le préfet la lettre suivante:

« Monsieur, j'ai lu avec beaucoup d'attention et sans au-
» cune passion votre écrit intitulé *Lettres constitutionnelles*; je
» pourrais, d'après ce titre, le regarder comme feuille pério-
» dique, et m'opposer à sa publication jusqu'à ce qu'il ait été
» autorisé par le ministre. Je veux agir plus franchement, et
» vous déclare que votre écrit me paraî devoir produire un
» effet bien différent de celui que vous vous proposez; il
» ne peut que réveiller des haînes, animer des partis, les mettre
» en présence au lieu de les rallier autour du roi. Je vous invite
» donc à renoncer à la publication de votre ouvrage. Si, invo-
» quant l'ordonnance du roi, en date du 20 juillet 1815, vous
» y persistez, je ne puis le permettre qu'après en avoir référé
» à son excellence le ministre de la police. Veuillez, dans ce cas,
» m'envoyer un exemplaire de votre écrit, pour que je puisse
» le lui transmettre.

» J'ai l'honneur d'être votre serviteur,

Le préfet de la Sarthe, J. PASQUIER.

18 septembre 1816.

Le sieur Rigomer Bazin défère au ministère public l'acte inconstitutionnel que M. le préfet vient d'exercer envers lui; et il fonde sa plainte, 1°. sur ce que son écrit ne peut être considéré comme journal, ni comme feuille périodique; journal, il faudrait qu'il contînt des nouvelles publiques, soit politiques, littéraires ou commerciales; feuille périodique, il faudrait qu'il parût à jour fixe; 2°. sur l'ordonnance du 20 juillet 1815, qui abolit la censure préalable sur les écrits de moins de vingt feuilles d'impression.

Donc, M. le préfet a commis un acte arbitraire en exigeant d'un auteur la communication préalable de son manuscrit, puis en lui refusant une permission que la loi ne lui donne pas le droit d'accorder.

En conséquence, le sieur Rigomer Bazin demande acte, etc.

J'envoyai copie de cette protestation à son excellence le ministre de la police générale, et j'y joignis la lettre dont la teneur suit :

MONSEIGNEUR,

Monsieur le préfet de la Sarthe, homme respectable et magistrat intègre, s'est trompé sur l'étendue de ses pouvoirs. Il a méconnu, à mon égard, l'ordonnance du 20 juillet 1815, qui ôte à messieurs les préfets le droit d'exiger communication des écrits avant l'impression. Il a douté du zèle du ministère public et des tribunaux pour la poursuite et la punition des délits de la presse, et a refusé à mon imprimeur, comme vous le verrez par la copie de sa lettre ci-jointe, les récépissés de la déclaration et du dépôt, nécessaires pour autoriser la vente des écrits imprimés.

J'ai l'honneur d'adresser ma réclamation à votre excellence, etc.

(N.° III.)

Le Mans, ce 1.er novembre 1816.

« Monsieur, les brochures du sieur Bazin, intitulées *Séide*, » *Doutes éclaircis par un constitutionnel*, *le Trône et l'Autel*, ayant » jeté beaucoup d'inquiétude dans les esprits, par la création d'un » parti sous le nom de féodaux, je juge que le *Catéchisme politique*,

» nouvelle brochure du sieur Bazin, produirait encore un plus » mauvais effet. En conséquence, usant du pouvoir qui m'est » confié par la loi du 29 octobre 1815, je vous requiers d'apposer » les scellés sur ce *Catéchisme politique*, imprimé chez le sieur » Renaudin, et de veiller à ce qu'ils y soient maintenus, jusqu'à » ce que j'aie reçu de son excellence le ministre de la police une » réponse au rapport que je vais avoir l'honneur de lui faire à ce » sujet.

» Je vous prie de notifier au sieur Bazin le présent ordre » motivé. »

J'ai l'honneur d'être, etc.

Signé. J. PASQUIER, *préfet de la Sarthe.*

Plus bas est écrit : M. Delisle, commissaire de police.

Pour copie conforme,

Le commissaire de police de la ville du Mans, DELISLE.

(N.° IV.)

A son excellence le ministre de la police générale.

MONSEIGNEUR,

L'ordonnance du 20 juillet abolit la censure; M. le préfet de la Sarthe prétend exercer sa censure sur mes écrits.

Je lui oppose la charte et l'ordonnance du 20 juillet; il se prétend autorisé par la loi du 29 octobre.

Je lui présente cette loi, qui ne contient aucun article à l'appui de sa prétention; et il s'obstine à me refuser le récépissé de mes cinq exemplaires.

MONSEIGNEUR, le meûnier de Sans-Souci disait au roi de Prusse : *Il y a des juges à Berlin*; j'ai dit à M. le préfet : *Il y a des lois en France.*

M. le préfet peut beaucoup sur moi par ses conseils; il ne pourra jamais rien par l'arbitraire.

Il envoie sa police saisir une édition chez l'imprimeur avant que cette édition soit imprimée; il a contracté l'habitude du despotisme sous Bonaparte, et pourtant il faut qu'il prenne les habitudes constitutionnelles.

En deux mots, MONSEIGNEUR : La charte est-elle un acte dérisoire ?

Un préfet peut-il exercer la censure sur les écrits ? Et si ces écrits lui paraissent contraires au bon ordre, a-t-il d'autre moyen de répression que de les dénoncer aux tribunaux ? Daignez résoudre la question. . . . . etc.

(N.° V.)

Le Mans, ce 1.er novembre 1816.

« Monsieur, j'aime à croire à la pureté de vos intentions, et » j'ai l'honneur de vous inviter à venir conférer avec moi au » sujet de votre ouvrage intitulé *Catéchisme politique.* »

Votre très-humble serviteur,

Le préfet de la Sarthe, J. PASQUIER.

(N.° VI.)

EXTRAIT du registre des arrêtés de la préfecture du département de la Sarthe.

Le maître des requêtes, préfet du département de la Sarthe, chevalier de la légion d'honneur, ayant écarté le voile dont s'enveloppait le sieur Rigomer Bazin, pour exciter le peuple à s'armer contre les nobles et les prêtres, en les signalant sous le nom de féodaux, et leur attribuant des intentions contraires à nos lois;

Ayant dénoncé à M.[r] le procureur du roi près le tribunal du Mans, le sieur Rigomer Bazin, comme prévenu du délit mentionné en l'article 102 du code pénal;

D'après les pouvoirs discrétionnaires qui lui sont confiés par la loi du 29 octobre 1815, en vertu de laquelle le sieur Bazin est déjà sous la surveillance de la haute police,

ARRÊTE:

ART. Ier. La vente des brochures intitulées *Séïde*, *Doutes éclaircis par un constitutionnel*, *le Trône et l'Autel*, *la Charte expliquée aux habitans des campagnes* et le *Catéchisme politique*, est interdite jusqu'après le jugement du tribunal, concernant le sieur Bazin.

ART. II. M. le commissaire de police de la ville du Mans apposera les scellés sur lesdites brochures trouvées dans la maison de l'auteur, et chez les imprimeurs et libraires de cette ville.

ART. III. Le présent arrêté sera notifié audit sieur Bazin.

En préfecture, au Mans, le treize novembre mil huit cent seize.

Signé J. PASQUIER.

Pour expédition conforme,

Le maître des requêtes, préfet de la Sarthe,

Signé Ch.[r] PASQUIER. Et scellé.

Pour copie conforme,

Le commissaire de police au Mans, DELISLE.

COPIE d'une lettre de M. le préfet de la Sarthe, en date du 15 novembre 1816, adressée au soussigné.

Je m'apperçois, monsieur, que, par erreur du copiste, il y a eu une omission essentielle dans l'expédition de mon arrêté du 13, relatif à l'apposition des scellés sur les brochures du sieur Bazin; je vous invite à joindre la présente à mon arrêté pour servir de rectification.

Après les mots : « en vertu de laquelle le sieur Bazin est déjà » sous la surveillance de la haute police, » ajoutez ceux-ci :

« et en vertu du N.° 3 de l'article 15, titre II de la loi du 21 oc-
» tobre 1814. »

J'ai l'honneur, etc., *signé* J. PASQUIER.

Pour copie conforme,

Le commissaire de police au Mans, DELISLE.

(N.° VII.)

EXTRAIT du registre des arrêtés de la préfecture du département de la Sarthe.

Le maître des requêtes, préfet du département de la Sarthe, chevalier de la légion d'honneur, vû la lettre, en date de ce jour, à lui écrite par M. le procureur du roi près le tribunal de première instance au Mans, portant que la brochure du sieur Rigomer Bazin intitulée : *Catéchisme politique à l'usage des constitutionnels*, suivi de *Tout est bien*, a formé le sujet d'un second réquisitoire de ce magistrat pour trois propositions injurieuses à l'autorité du roi, contenues dans ledit ouvrage;

Vû l'article 15, titre II de la loi du 21 octobre 1814,

ARRÊTE:

ART. I.er La vente de l'ouvrage du sieur Rigomer Bazin, intitulé *Catéchisme politique à l'usage des constitutionnels*, suivi de *Tout est bien*, est interdite jusqu'après le jugement du tribunal, concernant le sieur Bazin.

ART. II. Les exemplaires dudit ouvrage existant soit chez l'auteur, soit chez les imprimeurs et libraires et tous autres marchands, seront saisis et mis sous les scellés.

ART. III. Notification du présent sera faite au sieur Bazin.

ART. IV. M. le commissaire de police de la ville du Mans est chargé de procurer l'exécution du présent arrêté.

Fait et arrêté en préfecture, au Mans, le vingt-sept novembre mil huit cent seize. *Signé* le Ch.r J. PASQUIER.

Pour expédition conforme,

Le maître des requêtes, préfet de la Sarthe,

Signé Ch.r J. PASQUIER.

Pour copie conforme,

Le commissaire de police au Mans, DELISLE.

(N.o VIII.)

Au Mans, 3 décembre 1816.

« Le préfet de la Sarthe n'empêche pas M. Bazin de faire im-
» primer ses ouvrages; il se réserve de les dénoncer aux tribu-
» naux, s'ils sont contraires aux lois; mais il n'accepte aucun
» ouvrage qui pourrait lui être adressé. M. Bazin est invité à
» changer le titre de celui qu'il lui présente. »

J. PASQUIER.

RÉPONSE.

MONSIEUR LE PRÉFET,

Ce n'est point une épître dédicatoire que je vous offre, c'est une épître simple qu'un de vos administrés vous annonce. Vous eussiez pu ne point la lire; mais auriez-vous dû refuser à l'imprimeur le récépissé de sa déclaration, quatrième acte illégal qu'il vous a plu de commettre à mon égard? Afin de couper cours à de nouvelles difficultés, je cède à votre invitation; mais *ma remarque subsiste.*

J'ai l'honneur de vous présenter l'hommage de mes respects,

RIGOMER BAZIN.

De l'imprimerie de RENAUDIN, rue des Trois-Sonnettes, N.o 9.

www.ingramcontent.com/pod-product-compliance
Ingram Content Group UK Ltd.
Pitfield, Milton Keynes, MK11 3LW, UK
UKHW012127240726
13965UKWH00005B/2018